# BEI GRIN MACHT SICH IHR
# WISSEN BEZAHLT

- Wir veröffentlichen Ihre Hausarbeit,
  Bachelor- und Masterarbeit

- Ihr eigenes eBook und Buch -
  weltweit in allen wichtigen Shops

- Verdienen Sie an jedem Verkauf

## Jetzt bei www.GRIN.com hochladen
## und kostenlos publizieren

Alexander Kauther, Paul Wirtz

# Hans Bokemüller (1889-1911) - Aus dem Leben des 23jährigen Poulain-Flugschülers

**Heft 4 aus der Dokumentenreihe über den Flugplatz Berlin-Johannisthal 1909-1914**

**1909-1914**

GRIN Verlag

**Bibliografische Information der Deutschen Nationalbibliothek:**

Die Deutsche Bibliothek verzeichnet diese Publikation in der Deutschen National-
bibliografie; detaillierte bibliografische Daten sind im Internet über http://dnb.d-
nb.de/ abrufbar.

**Impressum:**

Copyright © 2011 GRIN Verlag GmbH
Druck und Bindung: Books on Demand GmbH, Norderstedt Germany
ISBN: 978-3-640-99091-7

**Dieses Buch bei GRIN:**

http://www.grin.com/de/e-book/177390/hans-bokemueller-1889-1911-aus-dem-
leben-des-23jaehrigen-poulain-flugschuelers

# Hans Bokemüller

Aus dem Leben des 23jährigen Poulain-Flugschülers

# Hans Bokemüller

## Aus dem Leben des 23-jährigen Poulain-Flugschülers.

Herausgeber & Autoren: Alexander Kauther, Berlin und Paul Wirtz, Jülich
Dokumentenreihe „Flugplatz Johannisthal 1909-1914", Heft Nr. 4
www.johflug.de
© Berlin, August 2011

Deckblatt- und Homepagegestaltung: D&M agentur,
12487 Berlin-Johannisthal, Winckelmannstraße 70,
www.dundm-agentur.de

# Inhalt

# Anmerkungen der Autoren

Der Johannisthaler Flugplatz - der erste Motorflugplatz Deutschlands - existiert nicht mehr. Er hat 1945 mit der letzten Landung des Flugzeugs Lissunow Li-2 aus Moskau und 1995 mit einer historischen Flugschau endgültig ausgedient. Am 26. September 2009 wurde der 100. Jahrestag des ehemaligen Flugplatzes Adlershof-Johannisthal begangen.

Heute stehen viele neue Häuser auf dem Flugfeld und fast nichts erinnert mehr an diesen historischen Ort. Kennen die jetzt dort angesiedelten Haus- und Grundstückbesitzer die Geschichten, die mit den Straßen - benannt nach Luftfahrtpionieren - verbunden sind? Obwohl dort selbst auf dem Platz nicht wohnhaft, interessierte uns, ob noch zeitgeschichtliche Bilder und Dokumente aufzufinden wären, die über diese Personen Auskunft geben. Wir begannen zu recherchieren, nachzulesen und zusammenzutragen. Während unserer Spurensuche hatten wir Kontakt mit vielen uns bisher unbekannten Menschen, die uns ausnahmslos freundlich anhörten und - soweit es ihnen möglich war - aktiv und mit Interesse unterstützten.

Dieser Bericht ist keine wissenschaftliche Arbeit und kann auch nicht als vollständiger Lebenslauf betrachtet werden. Sie soll dem interessierten Leser zum Zurückschauen und Erinnern an einen der verunglückten mutigen Flugschüler dienen.

Zur Vervollständigung und Ergänzung sind wir weiterhin an Erlebnisberichten, Dokumenten und Fotografien über *Hans Bokemüller* interessiert.

Berlin-Johannisthal, August 2011
**www.johflug.de**

# Hans Bokemüller

\* 1889 in Aschersleben
+11. Mai 1911 auf dem Flugfeld Johannisthal

---

Beruf:          Kaufmann

Flugschein:     ohne, Poulain-Flugschüler
                seit Ende 1910

Wohnort:        Eltern wohnten in Aschersleben,
                Vater Karl Bokemüller war von
                1886-1916 Lehrer an der dortigen
                Johannisschule und starb am 16.
                Juni 1916.

Beschreibung:   Großer hagerer Mann, hilfsbereit, kameradschaftlich

Über das Leben des Flugschülers *Hans Bokemüller* ist wenig bekannt, auch nicht über seine Verwandten oder Nachkommen. Er war der einzige Sohn seiner Eltern. Mit 21 Jahren war er leidenschaftlicher Motorradfahrer und kam im November 1910 nach Johannisthal.

Die Schreibweise seines Familiennamens wird in Büchern unterschiedlich angegeben (Bockemüller, Brockemüller, Brockenmüller, Boockenmüller).
1916 lautete seine Todesanzeige, aufgegeben von seinem Vaters, *Karl Bokemüller*, auf **Bokemüller** und wurde in der vorliegenden Dokumentation als die richtige Schreibweise angenommen.[1]

Zum Zeitpunkt seines tödlichen Unfalls hatte er noch keinen Flugschein und war somit kein eingetragener Flugzeugführer.

*Hans Bokemüller* war der 50. Absturz seit dem Bestehen der Flugkunst, der 12. im Jahr 1911, der vierte im Monat Mai 1911, aber der erste in Johannisthal und der fünfte in Deutschland.

---

[1] Siehe Brief der Stadt Aschersleben, Stadtarchiv, Postfach 1355, 06433 Aschersleben.

# Bokemüller in Johannisthal

*Melli Beese*

Es war *Hans Bokemüller*, der *Amelie (Melli) Beese (1886-1925)*, die erste Pilotin Deutschlands, im November 1910 auf dem Flugplatz traf, als sie sich um eine Anstellung bei den Albatros-Werken bemühte und das Fliegen erlernen wollte. Er nahm sie mit in das „Tribünenrestaurant Troppens" und in das „Fliegercafe Senftleben"[2]. Dort lernte sie durch ihn einige Piloten kennen. Später traf er *Melli Beese* ein zweites Mal auf dem Flugfeld, als er dort mit seinem grünen Opel unterwegs war.

Er machte sie mit *Rudolf Kiepert* (1888-1955) und *Robert Thelen* (1884-1968) von der „Ad Astra Fluggesellschaft" bekannt. Dort sollte sie das Fliegen lernen. Auch durch den Kontakt zu *Bokemüller* lernte sie ihren späteren Flugzeugführer und Ehemann *Charles Boutard* (1884-1951) kennen.

Ihre erste Wohnung in Johannisthal hatte sie auch *Hans Bokemüller* zu verdanken, der sich über „Mutter Senftleben" für die Vermittlung eines Untermietsverhältnisses in der damaligen Parkstr. 19, 1. Stock, bei *Frau Winkler* (verstorben 1917) einsetzte. Sie wohnte dort bis Herbst 1911 und konnte von dort direkt auf das Flugfeld sehen und war nur wenige Meter vom Haupteingang des Flugplatzes Johannisthal entfernt.[3]

1939 schrieb *Adalbert Norden* sein Buch „Flügel am Horizont", welches *Melli Beese* und ihren Kameraden gewidmet war, u. a. über das „Cafe Senftleben" und *Hans Bockemüller*:

„...als sie das kleine Cafe an der Parkstraße zum ersten Mal wieder betrat, wurde auf ihren Tisch ein winterlich spärliches Blumensträußchen gestellt. Rufe, Fragen, Begrüßungen flogen herüber. Der kleine Hanuschke[4], Bokemüller, der gelassene Schweizer Rupp von den Albatroswerken, Benno König, der stille nachdenkliche Dorner[5], dessen erste Maschine gerade ihre ersten Flüge machte, Georg Schendel – sie alle warben in ehrlicher Herzlichkeit um die junge Fliegerin und boten ihr die Hand der Kameradschaft.*

---

[2] Heft 3 „Cafe und Conditorei Senftleben" der Dokumentenreihe über den Flugplatz Johannisthal 1909-1914.

[3] Hans Ahner, „Sturz in die Tiefe" (über Bokemüller Seite 14).

[4] Heft 5 „Bruno Hanuschke – Das Küken vom alten Startplatz (1892-1922)" aus der Dokumentenreihe über den Flugplatz Johannisthal 1909-1914.

[5] Heft 11 „Der Einzelkämpfer Dorner (1882-1963)" aus der Dokumentenreihe über den Flugplatz Johannisthal 1909-1914.

*Am 11. Mai 1911, Melli Beese ist gerade in ihrer Untermietswohnung in der Parkstraße bei ihrer Vermieterin Frau Winkler aufgestanden, da krachte die Paulain-Maschine von Hans Bokemüller gegen das alte Posthäuschen, drückte ihm die scharfe Dachkante wie ein Pfeil in den Brustkasten.*

*Es waren nur wenige Augenzeugen auf dem Feld. Was sie erzählten, bestätigte Mellis Befürchtungen. Bockemüller, dessen Schulung sich bisher auf Rollversuche mit einer leichtmotorigen Maschine beschränkt hatte, war um 05.10 Uhr mit dem hundertpferdigen Eindecker gestartet.*

*Vor einer plötzlich aus dem Dunst herauskommenden Barriere zog er das Höhensteuer, erkannte im Nebel zu spät das kleine Posthäuschen und rannte mit 70 Stundenkilometer in die berstenden Bretter.*

*Als sich die stillen Gruppen der Piloten und Flugschüler den Ausgängen des Flugfeldes näherten, um bei Senftleben den Morgenkaffee nachzuholen, sprach niemand ein Wort. Nur die vielen Augen blickten zu den steilen Fahnenmasten empor, an denen zum ersten Mal die stolzen Flaggen auf Halbmast niedergingen."*
6

*Telegrafenamt/Posthaus, rechts „Kaiserlicher Aero-Club".*

In der „B.Z." noch am 11. Mai 1911 und in der „Deutschen Zeitschrift für Luftschiffahrt" vom 12. Mai 1911 wurde über *Hans Bokemüller*, berichtet:

*„Am Donnerstag, den 11. Mai 1911 wollte der Poulainschüler Hans Bokemüller um etwa 5 Uhr morgens Rollversuche machen, als ihm auf der Rudower Seite ein Angestellter des Flugplatzes entgegenkam. Bokemüller*

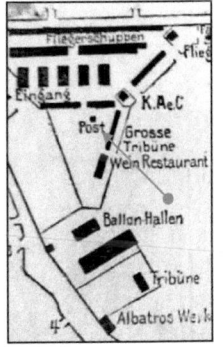

*bemerkte diesen bei dem Morgennebel zu spät und zog, um ihn nicht zu überfahren, das Höhensteuer. Dabei muss er wahrscheinlich auch die Seitensteuerung in Tätigkeit gesetzt haben, denn der Apparat machte plötzlich eine Rechtsschwenkung, überflog die Barriere und sauste in das noch auf dem früheren Tribünenplatz stehende alte Posthäuschen hinein.*

*Von seinem Sitz heruntergehoben, verstarb er nach einigen Minuten, ohne das Bewusstsein wiedererlangt zu haben. Der Arzt stellte innere Blutungen und Zerreißungen der Lunge fest".*

---

6 Adalbert Norden, Buch „Flügel am Horizont"

*Seine Leiche wurde in den Poulainischen Flugzeugschuppen gebracht. Der zertrümmerte Poulain-Eindecker hatte sich beim Zusammenstoss bis an die Flugzeugträger in die Hauswand eingerammt. Hans Bokemüller war der Sohn eines Lehrers in Aschersleben und erst 23 Jahre alt. Von Beruf war er Kaufmann. Schon seit mehreren Jahren war er leidenschaftlicher Motorradfahrer und vom Motorradsport kam er zum Flugsport.*

*Im November 1910 kam Bokemüller nach Berlin, um bei Gabriel Poulain auf dem Flugplatz Johannisthal das Fliegen zu erlernen. Schon vor längerer Zeit erlitt der junge Flugschüler einen Unfall, bei dem sein Apparat in Trümmern ging, er selbst aber ohne wesentliche Verletzungen davonkam.*
*Hans Bokemüller war in Johannisthal wegen seines liebenswürdigen, bescheidenen Wesens sehr beliebt. Am Vortage weilte er noch bis ziemlich spät abends im Restaurant „Bürgergarten", wo er vergnügt dem Tanze huldigte und Billard spielte. Seine Eltern in Aschersleben sind von dem unglücklichen Ende ihres Sohnes in Kenntnis gesetzt worden".[7]*

Der im Artikel genannte unbekannte Angestellte war der Flugplatzfotograf *Franz Fischer*. Er bannte alles auf seine Platte, was auf dem Flugplatz geschah. Dabei half ihm *Herr Gröne*, genannt „*Wurzelsepp*", der Platzaufseher des Direktors *Major a. D. Georg von Tschudi (1862-1928)*. *Gröne* bekam von *Fischer* eine Provision. *Fischer* verkaufte nicht nur an Zuschauer, abends schickte er seine neusten Bilder an die Zeitungsredaktionen, überwiegend an die B.Z. am Mittag.
Der Direktor *Georg von Tschudi* kassierte dafür auch von *Fischer*, denn der Fotograf konnte sich auf dem Flugfeld ungehindert bewegen. Auf dem Flugplatz gab es nichts umsonst!

Im Buch von *Hans Ahner* wurde das Unglück vom 11. Mai 1911 wie folgt beschrieben:

...*"Draußen tauchte plötzlich ein Radfahrer aus dem Dunst auf. Es war Fischer, der Flugplatzfotograf. Er hatte keinen Fotoapparat, wie sonst üblich, bei sich, gestikulierte wild mit dem linken Arm und rief aufgeregt: Haben sie Poulain gesehen? Wo ist er? Melli Beese wies auf den Schuppen. Fischer fuhr in rasendem Tempo davon.*

*Franz Fischer*

---

[7] „B.Z." vom 11. Mai 1911 und „Deutsche Zeitschrift für Luftschiffahrt" (DZL) vom 12. Mai 1911.

*Was will er von Poulain, überlegte Melli. Sie kehrte um und lief zu Poulains Schuppen. Fischer fuchtelte wild mit den Armen.*
*Bokemüller schrie er aufgeregt. Bokemüller! Was ist mit ihm? Fragte Poulain hastig. Er ist..., er ist... abgestürzt..., dort drüben beim Posthäuschen..., genau hineingeflogen ist er.*

*Holt man schon einen Arzt, fragte Melli hastig. Fischer schluckte einige Male.*
*Nee, Fräulein Beese, der braucht keinen Arzt mehr.*

*Wie ist es passiert? So sprechen sie doch, Fischer. Es schien eine Ewigkeit zu dauern, ehe der Fotograf antwortete: Ich habe es genau gesehen:*

*Da kam ein Flugzeug aus dem Nebel. Es rollte auf mich zu, es machte einen Sprung, und da..., da radelte ich davon, so rasch ich treten konnte, ich hatte Angst. Und schon heulte eine andere Maschine an mir vorbei, genau auf den Bretterzaun zu. Bokemüller muss sie gesehen haben. Er riss den Eindecker hoch und flog genau auf das alte Posthaus zu. Mit voller Wucht prallte er dagegen.*
*Melli schien es, als ob ein Schleier vor ihrem Gesicht zerriss. Komm Gabriel* (Poulain, AK)*, fahren wir mit dem Wagen hinüber. Fischer schüttelte den Kopf. Bleiben sie hier, Fräulein Beese, ersparen sie sich den Anblick, er wurde völlig zerquetscht. Und als ob er etwas Wichtiges vergessen hätte, fügte er hinzu: Die Maschine ist total zertrümmert, von ihr sind nur noch Bruchstücke übriggeblieben.“*
Die Piloten Georg Schendel (1885-1911)[8], Fritz Ludewig (1881-?), Hermann Reichelt (1878-1914) und Gustav Witte (1879-1912) holten gerade ihre Maschinen aus den Schuppen. Sie wussten noch nichts von der Tragödie im Nebel.
*Hans! Hämmerte es in ihrem Kopf. Sie sah ihn vor sich, groß und hager, dachte an jenen Novemberabend, als er aus der Dunkelheit gekommen war und sie nach einem Restaurant gefragt hatte. Und dann waren sie zusammen zu Troppens gefahren, und er hatte erzählt und erzählt. Und als sie auf Robls tödlichen Absturz* (Flugschüler Tadeus Robl-Absturz am 11. Februar 1910, AK) *zu sprechen gekommen waren, was hatte er da doch gesagt? Wir wissen nicht, wann der nächste an der Reihe sein wird. Und nun war er es. Wir sind keine Lehrer oder Polizisten oder Laternenanzünder, hatte er ihr einmal erklärt. Vor uns liegt Neuland, jeder Tag kann eine entscheidende Wende bringen. Bitterkeit stieg in Melli auf. Und nun war für Hans Bokemüller die entscheidende Wende gekommen. Ja, niemals würde er wiederkommen, der gute, immer hilfsbereite Kamerad.“[9]*

---

[8] Heft 6 „Mach mir den Brummer fertig" Aus dem Leben des Flugzeugführers Georg Schendel und seinem Freund und Schüler, Obermonteur August Voss.
[9] Hans Ahner, „Sturz in die Tiefe", Basar-Verlag Neues Leben Berlin, Seite 104-106.

## Sein Fluglehrer Gabriel Poulain

*Gabriel Poulain* (14. Februar 1884 bis 09. Januar 1953), der die bis dahin schnellsten Flugzeuge gebaut hatte, die man in Johannisthal sah, kehrte im Jahre 1912 nach Frankreich zurück.

Er war ein bekannter französischer Rad-Rennfahrer und hatte am 15. Juli 1910 den Flugschein Nr. 14 auf dem Flugplatz Johannisthal mit seiner Poulain-Eindecker Eigenkonstruktion erworben.

*Gabriel Poulain*

Die Familie von *Gabriel Poulain* besaß eine Fahrrad- und Automobilfabrik in St. Nazaire, da lag es nahe, dass er zuerst Mechaniker als Beruf wählte. Nach der Ausbildung schien wohl der Radsport verlockender und er wechselte 1887 zum Fahrradsport.

Keine schlechte Wahl für die Fabrik, denn so war er lange Zeit als Flieger ein guter Werbeträger für die Marke *Poulain*.
„Viele Jahre war er einer der besten, vielleicht der beste Sprinter Frankreichs. Der große, kräftige und doch hagere *Gabriel Poulain* war erstaunlich lange Profi. Noch im Jahre 1924 wurde er im Alter von 40 Jahren Französischer Meister und im Jahre darauf reichte es noch zum zweiten Platz.
Seine Palmarès lässt vermuten, dass er überwiegend in Frankreich an den Start ging."[10]

Bereits 1910 holte er seinen Landsmann und Sportkameraden, den ehemaligen Straßenwelt-meister *Charles Boutard*, der spätere Ehemann von *Melli Beese*, nach Johannisthal und spezialisierte sich auf den Bau der kleinen, schlanken Eindecker und bildete damit Flugschüler aus.

---

[10] (Quelle: u. a. Sport-Album der Radwelt, 3., 10., 11. Jahrgang).

## Pilotenprüfung in Johannisthal.

Gestern nachmittag wollte auf dem Johannisthaler Flugplatz der frühere Radweltmeister **Poulain** mit seinem Eindecker eigener Konstruktion das Pilotenzeugnis erwerben. Die Kommission war zur Stelle, aber dem Franzosen gelang es nicht, vom Boden abzukommen, so daß er schließlich die Prüfung verschieben mußte. Dagegen benutzte der neue Wright-Pilot der „Jkarus"-Gesellschaft Th. Schauenburg die Anwesenheit der Sportkommissare, um die Bedingungen zur Erlangung des Pilotenzeugnisses zu erfüllen. — Gestern sind die beiden von Kapitänleutnant Engelhardt für das Budapester Meeting genannten Wright-Doppeldecker nach der ungarischen Hauptstadt gesandt worden.

*B.Z. vom 27. Mai 1910.*                    Gabriel Poulain.

*Charles Boutard auf einem Poulain-Eindecker in Johannisthal. Mit einem solchen Flugapparat verunglückte der Flugschüler Hans Bokemüller.*

13

# Weitere Unglücksfälle im Jahre 1911

*Willi Hackenberger* schrieb in seinem Buch „Die alten Adler" von 1959:

*„Das Fliegerjahr 1911 war reich an großen Erfolgen; es hat aber auch unter den „Alten Adlern" seine Opfer gefordert.*

*Hier die Namen der im Kampf um Deutschlands Lufteroberung 1911 Gefallenen:*
(Bildreihenfolge nicht nach den Sterbedaten)

*Hans Bokemüller (1), Ernst Dax (2), Paul Engelhard (3), Raymund Eyring (4), Freiherr v. Freytag-Loringhoven (5), Charles Laemmlin (6), Leon Lecomte (7), Hans Neumann (8), Alfred Pietschker (9), Alfred Reeb (10), Georg Schendel (11) und August Voß (12)".*[11]

*(1) Kaufmann*   *(2) Schiffbauingenieur*   *(3) Korvetten-Kapitän*[12]   *(4) Fluglehrer*

*(5) Offizier, Ltn.*   *(6) Schneider*   *(7) Fluglehrer Aviatikerwerke*   *(8) Oberleutnant*

---

[11] Buch von Willi Hackenberger, „Die alten Adler", 1959.
[12] Heft 28 „Korvettenkapitän Paul Engelhard mit dem Flugschein Nr. 3" aus der Dokumentenreihe über den Flugplatz Johannistal 1909-1914.

(9) Ingenieur    (10) Versicherungsbeamter    (11) Schiffbauingenieur    (12) kein Foto

Nr. 7 (*Leon Lecomte*) und Nr. 8 (*Hans Neumann*) lernten beide bei den „Aviatikerwerken" und stürzen zusammen am 7. September 1911 in Heiligkreuz/bei Bilzheim ab.

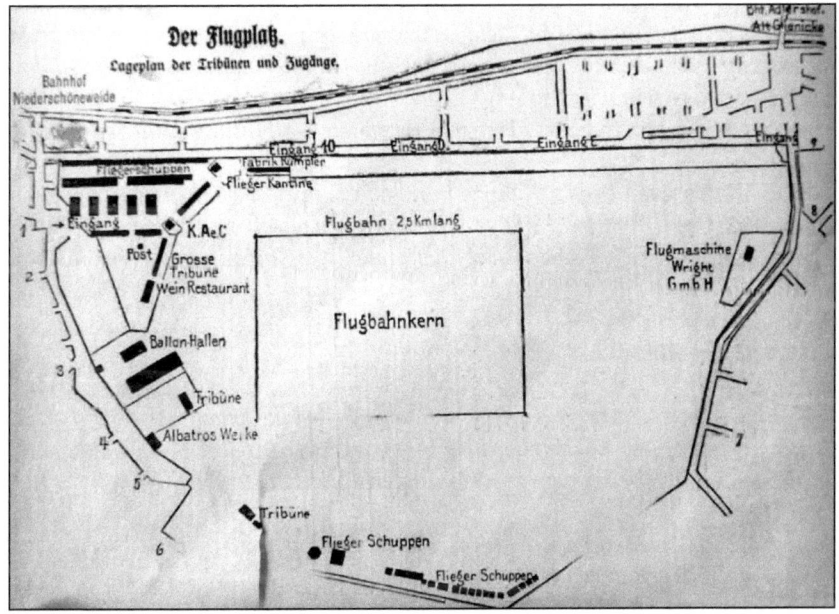

*B.Z .am Mittag Mai 1911:  Skizze vom Flugplatz Johannisthal.*

# Presseveröffentlichungen nach dem Unglück von Hans Bokemüller

„Todessturz in Johannisthal":

Am Donnerstag, den 11. Mai, um etwa 5 Uhr morgens, wollte der Poulainschüler Hans Bokemüller Rollversuche machen, als ihm auf der Rudower Seite ein Angestellter des Flugplatzes entgegen kam. Bokemüller bemerkte diesen bei dem herrschenden Morgennebel zu spät und zog, um ihn nicht zu überfahren, das Höhensteuer. Dabei muß er wahrscheinlich auch die Seitensteuerung in Tätigkeit gesetzt haben, denn der Apparat machte plötzlich eine Rechtsschwenkung, überflog die Barriere und sauste in das alte Posthäuschen hinein.

Durch einen, vor diesem stehenden Pfahl wurde dem Flugzeugführer der Brustkasten vollständig eingedrückt, außerdem erlitt er über dem linken Auge eine stark blutende Kopfwunde.

Die hinzu eilenden Flieger und Flugplatzangestellten fanden den Verunglückten bewusstlos auf dem sehr stark beschädigten Apparat sitzend. Von seinem Sitz heruntergehoben, verstarb Bokemüller nach einigen Minuten, ohne das Bewusstsein wiedererlangt zu haben.

Der sofort herbeigerufene Arzt konstatierte innere Verblutung und Zerreißung der Lunge.

Hans Bokemüller war etwa 22 Jahre alt und wurde in Aschersleben geboren.

Er war bei seinen Kollegen infolge seines bescheidenden und liebenswürdigen Wesens allgemein beliebt. Es ist dies der erste Todessturz in Johannisthal und der fünfte in Deutschland"[13]

„Weitere Todesstürze:

Am Donnerstag früh um 5 Uhr flog auf dem Flugplatz Johannisthal bei Berlin der junge Flugschüler Bokemüller über die Barriere gegen das alte Posthaus und wurde so schwer verletzt, dass er nach einigen Minuten starb.

Das ist der 50 Todessturz seit dem Bestehen der Flugkunst, der 12. in diesem Jahr, der 4. in diesem Monat."[14]

---

[13] Deutsche Zeitschrift für Luftschiffahrt vom 17. Mai 1911, Ausgabe 10, Seite 23.
[14] Kreis Jülicher Correspondens und Wochenblatt vom 13. Mai 1911, Ausgabe 38, 2. Blatt.

# Todessturz in Johannisthal.

## Der Poulainschüler Bockemüller tödlich verunglückt.

Paul Wirtz, Jülich

Heute am frühen Morgen hat sich auf dem Flugplatze Johannisthal ein Fliegerunfall zugetragen, der ein junges Menschenleben vernichtete. Unter den vielen Fliegerunfällen, die sich seit Bestehen des Johannisthaler Platzes dort ereignet haben, ist dies der erste, der einen so tragischen Ausgang genommen hat.

Der heutige Unglücksfall ereignete sich zwischen 5 und 5½ Uhr früh. Der junge Flugschüler Hans Bockemüller wollte mit einem Poulain-Eindecker Flugübungen vornehmen. Das Wetter war sehr schön und windstill, die Luft aber etwas neblig und undurchsichtig. Bockemüller fuhr auf dem gewöhnlichen Startplatze vor den Schuppen los und bald hob sich der Eindecker ganz niedrig über den Boden. Plötzlich geriet er in unmittelbare Nähe der Barriere. Um einen Zusammenstoß zu vermeiden, zog der Flieger das Höhensteuer an, die Maschine schnellte hoch, über die Barriere hinweg und direkt auf das noch auf dem früheren Tribünenplatze stehende Posthäuschen los. Mit lautem Krach prallte das Flugzeug gegen die Breiterwand, die glatt durchschlagen wurde, während das Vorderteil des Eindeckers zerbrach. Bockemüller, der auf seinem Sitz geblieben war, stieß mit Kopf und Brust gegen die Balkenanlage der Decke des Häuschens, wobei ihm der

### Brustkasten zerquetscht und die Lunge zerrissen

wurde. Auch im Gesicht hat er schwere Wunden davongetragen. Hilfsbereite Arbeiter eilten herbei, ein Arzt wurde schleunigt requiriert, doch alle Hilfe kam zu spät. Der unglückliche junge Mann verschied wenige Minuten nach dem Unfall. Seine Leiche wurde in den Poulainschen Flugzeugschuppen gebracht.

Die zertrümmerte Maschine hatte sich beim Zusammenstoß bis an die Flügelträger in die Hauswand eingerammt.

### Hans Bockemüller

war der Sohn eines Lehrers in Aschersleben und erst 23 Jahre alt. Von Beruf war er Kaufmann. Schon seit mehreren Jahren war er ein leidenschaftlicher Motorradfahrer und vom Motorradsport kam er zum Flugsport. Im November 1910 kam Bockemüller nach Berlin, um bei Gabriel Poulain auf dem Flugplatze Johannisthal das Fliegen zu erlernen. Schon vor längerer Zeit erlitt der junge Flugschüler einen Unfall, bei dem sein Apparat in Trümmer ging, er selbst aber ohne wesentliche Verletzungen davonkam.

Hans Bockemüller war in Johannisthal wegen seines liebenswürdigen, bescheidenen Wesens sehr beliebt. Gestern weilte der junge Mann noch bis ziemlich spät abends im Restaurant Bürgergarten, wo er vergnügt dem Tanze huldigte und Billard spielte. Bockemüllers Eltern in Aschersleben sind von dem unglücklichen Ende ihres Sohnes in Kenntnis gesetzt worden.

Der schlimmste aller bisherigen Stürze in Johannisthal, der des Wrightfliegers Oskar Heim am 11. August 1910, wobei der Flieger aus 80 Meter Höhe zu Boden fiel, hatte einen verhältnismäßig glücklichen Ausgang: der verunglückte Pilot kam mit einer Gehirnerschütterung davon.

*B.Z. am Mittag vom 11. Mai 1911.*

Heute starb als Opfer seiner selbstgewählten
Berufs in Johannisthal unser einziger lieber Sohn,

### der Aviatiker

# Hans Bokemüller.

Aschersleben, den 10. Mai 1911.

Lehrer Bokemüller
und Frau.

Die Leiche wird eingeäschert.

Beileidsbesuche und Kranzspenden dankend ver-
beten.

Ascherslebener Zeitung „„Anzeiger" vom Freitag, 12. Mai 1911.

## Todessturz des Aviatikers Hans Vokemüller in Johannisthal.

Wie wir bereits kurz meldeten, ist gestern früh zwischen 5 und 5¼ Uhr der Aviatiker Hans Vokemüller von hier auf dem Flugplatze in Johannisthal bei Berlin tödlich verunglückt.

Er machte auf dem Felde Flugversuche, geriet dabei mit seinem Apparat gegen ein Gebäude und wurde fast auf der Stelle getötet; der Brustkorb war ihm eingedrückt, und außerdem hatte er eine Wunde über dem linken Auge erhalten. Er machte seinen ersten Flug von bemerkenswerter Höhe. Ueber den Unglücksfall der teilweise durch das nebelige Wetter verursacht wurde, erhalten wir folgenden ausführlichen Bericht:

Am gestrigen frühen Morgen kamen mehrere Flieger auf den Flugplatz, um die Windstille zu Probeflügen auszunützen. Es flogen Schendel und Dorner, Rückel auf Harlan—Vollin auf Albatros und Vokemüller auf Voulain-Apparat. Die Luft war wenig bewegt, es herrschte Nebel, und man konnte nur etwa 20 Meter weit sehen. Vokemüller, der den alten Schulapparat Voulains benützte, machte einige Flugversuche, die ihm gut gelangen. Bei einem weiteren Aufstieg verlor Vokemüller anscheinend im Nebel die Richtung, denn plötzlich sah man, daß die Maschine sich nach unten senkte, und man merkte, daß der Flieger das Bestreben hatte, zu landen. Als der Apparat auf den Boden aufstieß, sah Vokemüller zu seinem Schrecken, daß sich unmittelbar vor ihm die Barriere befand. Er zog deshalb noch einmal das Höhensteuer, der Eindecker kam auch glücklich über den Bretterzaun hinüber und landete auf dem freien Felde hinter demselben. Vokemüller hatte aber vergessen, den Motor abzustellen. Er fuhr auf dem Erdboden mit voller Tourenzahl weiter und rannte mit großer Gewalt gegen das alte Postgebäude, das sich in der Nähe des Ausganges am südlichen Ende des Flugplatzes befindet. In dem Häuschen waren ungefähr 1000 alte Bretterstühle, übereinander geschichtet, untergebracht. Der Eindecker stieß mit solcher Vehemenz gegen die Vorderwand des Hauses, daß der Propeller etwa den dritten Teil der Holzwand glatt herausriß und sich dann in die Stühle einbohrte. Der verunglückte Flieger hat nun bei der Katastrophe offenbar den Kopf verloren, denn der Motor arbeitete noch etwa 20 Sekunden nach dem Zusammenstoß weiter und stand erst still, als sich die Ueberreste des Propellers festgeklemmt hatten. Bei dem Zusammenprall drang dem unglücklichen Flieger ein Dachsparren in die rechte Brustseite, wobei das Lungengewebe zerrissen wurde. Ein Spanndraht verletzte Vokemüller oberhalb des linken Auges an der Stirn, doch ist diese Wunde unerheblich. Der Tod des Verunglückten trat auf der Stelle ein. Der Apparat und die von dem Propeller herausgerissenen Holzbretter waren über und über mit Blut getränkt. Der Vorfall war auf dem Flugplatz sofort bemerkt worden, und schon nach wenigen Minuten war eine Anzahl Hilfsmannschaften zur Stelle. Leider kamen sie zu spät, sie konnten den verunglückten Aviatiker nur noch als Leiche aus den Trümmern des Apparats hervorziehen. Aus der Lage des Toten war klar zu erkennen, daß der Verunglückte bei dem Zusammenprall von seinem Sitz vornüber nach dem Propeller über die Tragfläche hinweg gegen die vorstehende Dachkante geschleudert worden war, deren einer Sparren ihm die tödliche Verletzung beibrachte. Wenige Minuten nach dem Unfall war auch der in Johannisthal wohnende Arzt Dr. Dietrich an der Unfallstelle angelangt, konnte aber nur noch den Tod Vokemüllers feststellen. Die Leiche wurde nach dem Schuppen 18 geschafft und dort vorläufig aufgebahrt. Die Flaggen des Flugplatzes wurden zum Zeichen der Trauer auf Halbmast gehißt. Die zugleich mit Vokemüller aufgestiegenen Flieger haben den Unfall ihres Kollegen bemerkt und landeten unmittelbar danach, um sich nach Möglichkeit an den Rettungsarbeiten zu beteiligen.

Der Todessturz Vokemüllers ist der erste auf dem Flugplatz Johannisthal, auf dem sich bisher so schwere Stürze nicht ereignet hatten. Der Aviatiker stand im 23. Lebensjahr. Er war der einzige Sohn des Lehrers Karl Vokemüller und wendet sich seinen schwergeprüften Eltern das allgemeine Beileid zu. Tags vorher noch war er nach Merseburg gefahren, um dem verunglückten Flieger Caspar einen Besuch abzustatten. Die Eltern Vokemüllers wurden telegraphisch von dem Unglücksfall verständigt und trafen nachmittags in Berlin ein. Auch Voulain, der zurzeit in Kopenhagen weilt, wurde von dem Unglücksfall seines Schülers sofort in Kenntnis

*Ascherslebener Zeitung, „Anzeiger", Sonnabend, 13. Mai 1911.*

19

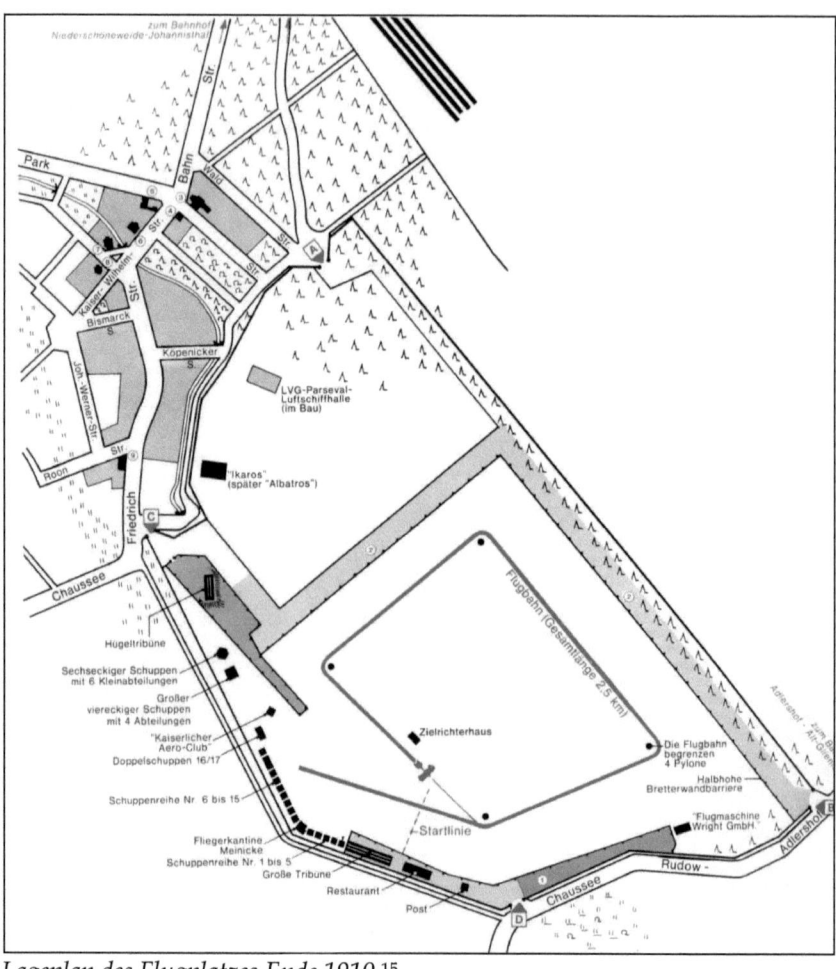

*Lageplan des Flugplatzes Ende 1910.*[15]

---

[15] Schmitt, Günter: "Als die Oldtimer flogen. Die Geschichte des Flugplatzes Johannisthal".

# Personenregister

# Quellen

Heimatmuseum Berlin-Treptow, Leiterin Barbara Zibler
Stadt Aschersleben, Stadtarchiv, Postfach 1355, 06433 Aschersleben

# Zeitungen und Periodika

Berliner Zeitung, „B.Z. am Mittag 1909-1911, Axel Springer-Verlag AG, INFOPOOL, Axel- Springer-Str. 65, 10888 Berlin

Deutsche Zeitschrift für Luftschiffahrt (DZL) aus dem Jahr 1911

Flugtechnik und Motorluftschiffahrt, Zeitschrift 1914, Heft Nr. 9, Seite 145-146

„Anzeiger"- Zeitung für die Kreise Aschersleben, Quedlinburg, Calbe, Mansfeld vom 12. und 13. Mai 1911

Kreis Jülicher Correspondens und Wochenblatt vom 13. Mai 1911, Ausgabe 38, 2. Blatt

Der Luftverkehr, Zeitschrift Juli 1957

# Literatur

Ahner, Hans: "*Sturz in die Tiefe*", Basar-Reihe, Verlag Neues Leben 1983

Blumenthal, Stefan: „*Grüße aus der Luft, 100 Jahre Luftfahrt auf alten Postkarten*", Pietsch-Verlag Stuttgart 1991

Hackenberger, Willi: "*Die alten Adler*", Lehmanns Verlag München, 1959

Kauther/Wirtz: Dokumentationsreihe zum Flugplatz Johannisthal 1909-1914, Heft 6 "*Mach mir den Brummer fertig*", Über Georg Schendel und August Voß

Kauther/Wirtz: Dokumentationsreihe zum Flugplatz Johannisthal 1909-1914, Heft 3 "*Fliegercafe Senftleben*"

Kauther/Wirtz: Dokumentationsreihe zum Flugplatz Johannisthal 1909-1914, Heft 5 "*Das Kücken vom alten Startplatz*" Aus dem Leben von Bruno Hanuschke

Neyen. von E.: „*Die Flugkunst ohne Schleier*", Statistk von 1911 über die Flieger-Unfälle

Norden, Adalbert: "*Flügel am Horizont*" Deutscher Verlag Berlin, 1939

Schmitt, Günter: "*Als die Oldtimer flogen. Die Geschichte des Flugplatzes Johannisthal*"

Schmitt/Schwipps: "*Pioniere der frühen Luftfahrt*"

Supf, Peter: "*Das Buch der deutschen Fluggeschichte*", Verlagsanstalt Hermann Klemm AG, Berlin 1935, Band I

Zibler, Barbara: „*Melli Beese Bildhauerin, Pilotin-eine ungewöhnliche Frau*", 1992 und neu „*Melli Beese und die Flügel am Horizont*"2009

# Bildnachweis

Die Fotoquellen sind in den Fußnoten vermerkt. Ist das nicht der Fall, so befinden sich die Fotos im Privatbesitz der Autoren.